THOMAS EDISON

La brillante vida del inventor incansable

Historia   en50MINUTOS.es

THOMAS EDISON

La brillante vida del inventor incansable

Por Benjamin Reyners
En colaboración con Christelle Klein-Scholz
Traducido por Marina Martín Serra

THOMAS EDISON

- **¿Nacimiento?** El 11 de febrero de 1847 en Milan, en Ohio (Estados Unidos).
- **¿Muerte?** El 18 de octubre de 1931 en West Orange, en Nueva Jersey (Estados Unidos).
- **¿Inventos y descubrimientos notorios?**
  - El fonógrafo (1877).
  - La bombilla eléctrica (1879).
  - El efecto Edison (1880).
  - La central eléctrica (1882).
  - El kinetógrafo y el kinetoscopio (1891).
- **¿Repercusiones de sus inventos y descubrimientos?** Pionero del cine gracias a su kinetoscopio, y de la industria de la música por medio de su fonógrafo, Edison democratiza también el uso de la electricidad en los hogares americanos y luego en los europeos, y favorece el desarrollo masivo del alumbrado público eléctrico. Con el descubrimiento de su efecto Edison, además, está tras el origen de la industria de la electrónica, que conducirá a la invención de la radio y de la televisión.

Inventor inagotable, poseedor de más de un millar de patentes durante su larga vida, Thomas Edison es la encarnación por excelencia del hombre hecho a sí mismo estadounidense. Formándose únicamente a través de sus lecturas y experiencias, este brillante autodidacta y hombre de negocios ambicioso pasa de ser un vendedor de periódicos a los 12 años a un jefe de empresa con tan solo 24 años.

Como un Leonardo da Vinci de los tiempos modernos, Edison verdaderamente lo toca todo. Además, a menudo es considerado como el inventor más grande de todos los tiempos. Su genio ha traído a nuestro mundo la luz, el calor y el poder de la electricidad. Y, a pesar de que no suele ser el único creador de las invenciones que se le atribuyen, tal vez nunca habría habido tocadiscos, cine, teléfono o bombilla eléctrica sin su increíble talento.

Con la comercialización de sus descubrimientos, Edison se llena de gloria y construye un verdadero imperio industrial. Pero, más allá de su éxito personal, lo que quiere por encima de todo es cambiar la vida de las personas. Tanto es así que, después de haber fundado la primera central eléctrica, declara: «Haremos que la electricidad sea tan barata, que sólo los ricos encenderán velas» (Silva 2001, vol. 1, 98).

CONTEXTO

La vida de Thomas Edison coincide y se confunde con el período de construcción de los Estados Unidos modernos, una era próspera y prometedora que ofrece grandes oportunidades para los inventores.

LA CONQUISTA DEL OESTE

En 1847, año de nacimiento de Edison, los Estados Unidos al completo están absortos en la conquista de su propio territorio. Desde la obtención de su independencia en 1783, las antiguas colonias estadounidenses establecidas en la costa este han estado en constante expansión. En 1803, se duplica el tamaño de su territorio con la compra de Luisiana a Francia, y comienzan una primera expansión hacia el interior del continente. La frontera norte de los Estados Unidos se establece en 1846, de acuerdo con Gran Bretaña, la primera potencia mundial de la época de la cual depende Canadá. En cuanto a la frontera sur, se reconoce dos años más tarde, a expensas de una sangrienta guerra con México. Ahora queda conectar el este y el oeste.

Desde la década de 1830, los Estados Unidos experimentan un crecimiento demográfico excepcional, ya que esta nueva tierra prometida, sinónimo de libertad y de prosperidad económica, atrae cada vez a más inmigrantes. Estos forman varias oleadas de buscadores de oro y ayudan a poblar el centro del país. Así, la esperanza de una vida mejor acelera la colonización interna, aunque esta se produce en detrimento de los pueblos amerindios, que son desplazados y masacrados en masa.

Transportar a hombres, animales y materiales a través de los territorios a veces hostiles plantea enormes problemas logísticos a los colonos que llegan del este. Afortunadamente, la llegada del ferrocarril y el telégrafo permite resolver los impedimentos de transporte y de comunicación. Estos dos inventos, esenciales para la conquista del oeste y para la expansión económica de los Estados Unidos, también desempeñan un papel clave en la vida de Edison: el joven Thomas obtiene su primer trabajo gracias al desarrollo ferroviario, y también descubre el telégrafo y el misterioso mundo de la electricidad a través del ferrocarril.

LA GUERRA DE SECESIÓN

Al mismo tiempo, durante varias décadas, el debate sobre los esclavos negros polariza la vida política estadounidense. Los estados del sur, que viven principalmente de la agricultura, han construido toda su economía sobre la base de la esclavitud, mientras que los estados del norte, en gran parte industrializados, no son partidarios de ella.

En la década de 1850, se crean nuevos estados en el oeste. El debate sobre la esclavitud que se desata a continuación despierta el miedo de los estados del sur, que temen volverse una minoría y acabar perdiendo la mano de obra barata sobre la cual reposa su economía.

El punto de ruptura se alcanza en 1860. Abraham Lincoln (1809-1865), un firme partidario de la abolición de la esclavitud, obtiene la presidencia de los Estados Unidos.

Inmediatamente, los estados sudistas deciden separarse, y el país dividido se sumerge en la guerra civil. La abolición de la esclavitud es proclamada en 1862 y entra en vigor el 1 de enero de 1863. Entonces, el presidente Lincoln es reelegido. En 1865, después de cuatro años de lucha continua, el norte finalmente gana al sur, poco antes de que el presidente sea asesinado por un sudista.

EL SURGIMIENTO DE UNA SUPERPOTENCIA

Durante el medio siglo posterior al trauma de la guerra de Secesión, los Estados Unidos fortalecen sus bases en todas las áreas (política, geografía, economía, demografía, cultura).

A finales de la década de 1860, se amplía la frontera occidental. En 1869, el país casi ha alcanzado sus límites territoriales definitivos y se inaugura la primera línea de ferrocarril transcontinental. El mismo año, se concede el derecho al voto a todos los ciudadanos de los Estados Unidos, sin distinción de raza o color. No obstante, gradualmente se va implementando una sociedad segregacionista, primero en el sur, donde los negros siguen siendo considerados ciudadanos de segunda.

Las décadas anteriores a la Primera Guerra Mundial (1914-1918) están marcadas por el crecimiento y el desarrollo. Las explotaciones agrícolas en el sur y el oeste se expanden, mientras que la industrialización se intensifica en el norte y el este. Asimismo, América del Norte goza de abundantes riquezas naturales (minas de oro de Homestake, carbón de los Apalaches, petróleo de Texas) que se explotan de forma intensiva.

El modelo capitalista se pone en marcha y contribuye al auge de la ciencia y de los inventos. Cada día se presentan nuevos desafíos técnicos por resolver, y las oportunidades económicas estimulan al gran número de inventores presentes en el territorio. Así, cada mes se presentan cientos de patentes, y la vida cotidiana de los estadounidenses se ve interrumpida ocasionalmente por innovaciones tecnológicas y por nuevos productos de consumo, como la goma de mascar (1870), el teléfono (1874), el ascensor (1880), el primer rascacielos (1884), la coca-cola (1888), el Ford T, primer automóvil fabricado en serie (1908), o el frigorífico (1913).

En este entorno competitivo, donde casi todo es posible, Thomas Edison trabaja sin descanso y sus increíbles inventos aparecen como motores tecnológicos para el crecimiento de su país natal. Después de la Gran Guerra, los Estados Unidos finalmente integran el círculo de las grandes potencias mundiales, y lo hacen en menos de 150 años.

LA BRILLANTE VIDA DE THOMAS EDISON

Retrato de Thomas Alva Edison.

UN NIÑO AUTODIDACTA

Thomas Alva Edison nace el 11 de febrero de 1847 en una pequeña casa en el borde del gran lago Erie, en Milan, Ohio. Es el benjamín de una familia modesta de siete hermanos, y su padre, Samuel Edison (1804-1896), dirige en ese momento una próspera empresa de madera.

Desde muy temprana edad, Thomas muestra que no es un niño ordinario. Travieso y risueño, también está dotado de una gran inteligencia y de una sed de conocimientos inagotable. El mundo que lo rodea despierta constantemente su curiosidad sin límites: Thomas observa, explora y experimenta con todo, hasta el punto de que un día prende fuego al granero de su padre mientras estudia la combustión, entre otros incidentes.

En 1854, la familia Edison se muda a Puerto Hurón, en Míchigan. Thomas, que ahora tiene siete años, es considerado un niño hiperactivo en su nueva escuela. Así pues, su profesor acaba expulsándolo argumentando que plantea demasiadas preguntas y que es demasiado inestable. Su madre Nancy (c. 1808-1871), con el orgullo materno herido, decide encargarse en persona de su educación. Bajo la dirección afectuosa de esta antigua institutriz, el pequeño realiza progresos asombrosos. Aprende con facilidad y devora todas las obras de la biblioteca familiar. Con diez años, descubre las ciencias con entusiasmo cuando su madre le ofrece un libro de experimentos de química y de física. Los realiza uno a uno, en un pequeño laboratorio que instala en el sótano familiar, y se aficiona a la práctica de experimentos, no sin provocar algunos accidentes.

Tres años después, el joven Thomas contrae la escarlatina, que le causará una sordera parcial para toda la vida. Con un talante optimista y dándose por vencido raramente, Edison sigue viendo el lado bueno de las cosas. Por eso, nunca percibirá su problema de audición como una discapacidad, sino todo lo contrario: ser parcialmente sordo le ahorra las conversaciones inútiles, acentúa su capacidad de concentración e intensifica su avidez por la lectura, en particular de las obras de química, de mecánica y de electricidad.

EL JOVEN VENDEDOR DE PERIÓDICOS

Cuando cumple 12 años, Thomas anuncia a sus padres su voluntad de ser independiente y ganar dinero por su cuenta. Consigue —no sin dificultades— la autorización para vender periódicos y dulces en el tren de la línea Puerto Hurón-Detroit. Una vez acaba de servir a los viajeros, Edison se esconde en el laboratorio clandestino que ha construido a bordo del vagón portaequipajes. Pero finalmente su estratagema es descubierta cuando, de nuevo, provoca un incendio, esta vez al dejar caer una botella de fósforo al suelo. Edison dice adiós a su laboratorio móvil y recibe un importante correctivo, pero conserva su puesto.

Edison también acude asiduamente a la biblioteca de Detroit cuando no trabaja. El adolescente no se conforma con leer algunos libros, sino que se lee toda la biblioteca entera, siguiendo el orden alfabético de las estanterías de abajo hacia arriba, pasillo tras pasillo. Su visión para los negocios se afirma temprano. En efecto, Edison imprime su propio periódico, el *Weekly Herald*, alimentado por la información obtenida de los telegrafistas en cada parada del tren. El contexto —la guerra de Secesión acaba de estallar— le ayuda, y los viajeros se quitan los periódicos de las manos. Su negocio es tan exitoso que Edison vuelve a casa cada noche con los bolsillos llenos de dinero.

La electricidad entra en la vida de Thomas Edison gracias a una afortunada coincidencia. Un día, en las vías del ferrocarril, salva heroicamente al hijo de un operador de telégrafo. Para mostrar su agradecimiento, este le enseña los rudimentos de su oficio. Entonces, surge una nueva vida ante el joven vendedor de periódicos: con 15 años, Edison decide abrazar la carrera de telegrafista.

Edison adquiere una amplia experiencia en diversas oficinas de telégrafos y sorprende a sus colegas mediante el envío de los mensajes a gran velocidad. Entre envíos, Edison sigue experimentando y busca entender cómo se aplican los principios de la electricidad al telégrafo. Al cabo de unos meses, logra inventar un telégrafo dúplex que permite transmitir simultáneamente dos mensajes en direcciones opuestas en un mismo cable.

DEL TELEGRAFISTA AMBULANTE AL INVENTOR

A partir de los 17 años, Edison recorre los Estados Unidos y Canadá, en busca de un mejor salario y de un jefe capaz de soportar su conducta. Trabaja con gusto por la noche para leer obras científicas y continuar con sus experimentos durante el día. En 1868, solicita su primera patente para una máquina que serviría para contar automáticamente los votos, pero por desgracia su invento no tiene el éxito esperado. Sin embargo, de este episodio saca una lección que convertirá en principio: nunca hay que perder tiempo inventando cosas que la gente no puede comprar.

Tras una larga serie de despidos y reprimendas, Edison prueba suerte en Nueva York, donde se instala en 1869. Se queda sin dinero rápidamente, y duerme en una habitación modesta en el sótano de una compañía bursátil situada en Wall Street. Los inicios son difíciles, pero la suerte le acaba sonriendo al joven inventor: una noche, el transmisor que anuncia la cotización del oro se avería, y eso siembra el caos en la compañía. Edison aprovecha la oportunidad para examinar la máquina, que repara en un abrir y cerrar de ojos. Tras esto, recibe la oferta de trabajar para ellos como ingeniero. Edison, que dos meses antes estaba arruinado, ahora vive con un salario mensual de 300 dólares —una fortuna para la época— que invierte en material científico. Thomas Edison tiene 22 años y el éxito, a partir de ese momento, ya no lo abandonará.

Varios inventos vinculados con el perfeccionamiento del telégrafo le permiten fundar su primera empresa y, más tarde, revenderla. Una vez ha obtenido el dinero de esta transacción, en 1871 abre su propio laboratorio de investigación en Newark, que dos años después traslada a Menlo Park, en Nueva Jersey, donde nacerán la mayoría de sus inventos. En 1954, esta ciudad cambiará su nombre por el de Edison, en honor a su célebre residente.

EL ASCENSO DEL MAGO DE MENLO PARK

Reconstrucción del laboratorio de Thomas Edison.

El laboratorio de Menlo Park es un verdadero precursor en el ámbito de la investigación industrial. Edison invierte en material de última generación, y también contrata a varias decenas de obreros y de investigadores con perfiles variados: mecánicos, relojeros, químicos, electricistas, matemáticos, etc. Juntos, establecen el objetivo de desarrollar un invento menor cada diez días y otro mayor cada seis meses. El estatus de jefe de empresa no impide a Edison contribuir activamente en el trabajo cotidiano, ya que el joven jefe es un adicto al trabajo, motivado por una verdadera pasión por su oficio de inventor. Descuida a su familia, vive en su laboratorio, duerme solo unas pocas horas al día —o a veces incluso ninguna—, y supervisa simultáneamente varios proyectos de investigación, mientras trabaja por su cuenta. Su cuaderno está repleto de dibujos y, su cabeza, de ideas brillantes. Siempre activo y exigente, a veces tiránico y orgulloso, Edison espera que sus empleados muestren el mismo dinamismo y la misma perseverancia que él.

Este duro trabajo tiene su recompensa, ya que, a pesar de su aspecto desaliñado y su actitud familiar, Edison cosecha éxitos espectaculares con sus diversas invenciones. Puesto que es un astuto hombre de negocios, para cada uno de sus hallazgos presenta patentes de forma sistemática, antes de explotarlos comercialmente. La prensa está maravillada ante su éxito y no deja de alabar a este nuevo héroe estadounidense al que pronto se conoce como el mago de Menlo Park.

A pesar de su gran éxito, no todo es color de rosa en la vida del brillante inventor. Mary Stilwell (1855-1884), su esposa desde hace 13 años, muere de fiebre tifoidea en 1884. Edison se vuelve a casar dos años más tarde, pero vuelve a pasar por un período difícil. En especial, debe enfrentarse a muchos procesos contra inventores rivales, que resultan ser muy caros. Con la única intención de perjudicar a uno de sus competidores en la carrera de la electricidad, Edison también causa polémica al brindar su apoyo a la pena de muerte por electrocución y al desarrollo de la silla eléctrica.

LOS ÚLTIMOS AÑOS

Durante la Primera Guerra Mundial, el Gobierno estadounidense recurre a él para que realice investigaciones sobre el armamento de la Marina. En 1928, recibe la medalla de oro del Congreso de los Estados Unidos en agradecimiento por sus inventos revolucionarios.

Hasta el final de su vida, Edison sigue trabajando sin descanso y supera el umbral increíble de las mil patentes. Como cualquiera de sus empleados, marca cada día sus horas de entrada y salida del taller. Solo en raras ocasiones se concede algunos días de descanso durante los cuales va de acampada con su familia y sus fieles amigos, el fabricante de automóviles Henry Ford (1863-1947) y el fabricante de neumáticos Harvey S. Firestone (1868-1938).

La luz de Edison deja de brillar el 18 de octubre de 1931. El día de su funeral, los estadounidenses le rinden homenaje apagando todas las lámparas eléctricas durante un minuto. Hoy en día Thomas Edison, ese joven vendedor de periódicos que se hizo millonario, sigue siendo uno de los inventores más prolíficos que el mundo haya conocido jamás.

LOS GRANDES INVENTOS DE THOMAS EDISON

LAS MÁQUINAS PARLANTES: EL MICRÓFONO Y EL FONÓGRAFO (1877)

El micrófono

Durante la segunda mitad del siglo XIX, la búsqueda de un método de comunicación rápido y fiable se impone como una necesidad frente al desarrollo del capitalismo industrial y de las altas finanzas. Es por ello que diferentes inventores estudian la posibilidad de fabricar un telégrafo capaz de «hablar», dicho de otra forma, un sistema que transmitiría los sonidos de la voz humana en lugar de mandar puntos y guiones.

Edison estudia el asunto y, el 14 de enero de 1876, presenta una nota ante la Oficina de Patentes de los Estados Unidos para anunciar que está trabajando en un instrumento capaz de transmitir la voz de un lugar a otro por medio de un cable. Lo que él no sabe todavía es que no es el único que está trabajando en el desarrollo de un dispositivo de este tipo. Un mes exacto después de la notificación de Edison, los inventores Alexander Graham Bell (1847-1922) y Elisha Gray (1835-1901) solicitan, de forma independiente pero el mismo día, una patente para un teléfono ya operativo. Sin embargo, el primero lo hace unas pocas horas antes y su nombre es el que queda grabado en la historia.

El primer teléfono de Graham Bell. Dibujo de Louis Figuier.

Respaldándose en este primer éxito, Bell propone vender su máquina a la Western Union, pero esta rechaza su oferta. A ojos de la compañía de telégrafos, el prototipo tiene demasiados defectos. El teléfono de Bell está basado en el principio del electromagnetismo: las ondas de la voz hacen vibrar un diafragma (una fina membrana metálica) cuyo movimiento modifica el campo magnético de un electroimán colocado contra él. Esta modificación del flujo magnético genera una pequeña corriente eléctrica que es transportada mediante un cable hasta un segundo teléfono, perfectamente idéntico al primero, en el que el proceso inverso genera la vibración del diafragma, reproduciendo de este modo el sonido original. El problema radica en el hecho de que los impulsos de la voz humana son débiles y que, por correlación, también los son las señales eléctricas que estos generan en el teléfono. Por lo tanto, la comunicación solo puede establecerse a través de distancias cortas y es difícil de entenderse, incluso gritando, porque el sonido llega muy debilitado. Para empeorar las cosas, el diseño de la máquina no es demasiado cómodo ya que el transmisor y el receptor forman un único dispositivo que se lleva alternativamente de la boca al oído.

Con todo, Bell no abandona el proyecto y logra reunir los fondos necesarios para financiar por sí mismo la Bell Telephone Company. Pone en marcha la producción de su aparato y obtiene rápidamente el favor de los hombres de negocios que lo prefieren al telégrafo. Mientras tanto, a pesar de su negativa, la Western Union ve el potencial comercial del teléfono. En 1877, esta consulta a Edison y le pide que optimice el dispositivo de Bell para que sea completamente funcional.

El principal reto consiste en convertir las vibraciones de las cuerdas vocales en señales eléctricas potentes. Edison resuelve el problema alimentando primero el teléfono mediante una batería. A continuación, en una pequeña cápsula circular, coloca minúsculos granos de carbón mantenidos entre dos finas placas metálicas. La cápsula se cierra con una membrana flexible y, al hablar, esta membrana comprime los granos apretando sus puntos de contacto, lo que hace variar la intensidad de la corriente. Mientras que, en el aparato de Bell, las ondas sonoras son las que generan directamente la corriente, en el de Edison, la voz humana abre o cierra con más o menos intensidad una especie de válvula que controla la difusión de la corriente. Así, con el micrófono de carbón, las señales eléctricas siguen el movimiento de las ondas de la voz. El volumen sonoro aumenta inmediatamente y el alcance de la conexión puede ampliarse hasta varios cientos de kilómetros. Este sistema todavía se utiliza hoy en día. Por último, a diferencia del teléfono de Bell, el de Edison comporta —como en la actualidad— un transmisor y un receptor separados, algo que es mucho más cómodo de usar.

Sin el micrófono, el proceso telefónico de Bell era limitado, pero Edison no hace más que mejorar el invento de su rival. Esta delicada situación da lugar a una disputa entre Edison y Bell, que tres años más tarde acaba conduciendo a un acuerdo amistoso y al uso generalizado del teléfono. Ciertamente Bell es, sin duda, el inventor del teléfono, pero también es cierto que, sin las mejoras realizadas por Edison, la expansión global de la telefonía hubiera sido mucho más complicada.

El fonógrafo

Durante el año 1877, el trabajo que Edison efectúa sobre el teléfono lo conduce a reflexionar sobre el concepto de máquina parlante. ¿Sería posible grabar la voz humana en un soporte para reproducirla más tarde? A pesar de que el asunto de la conservación de la voz es fascinante, no es nada nuevo. Desde el nacimiento de la fotografía, en los años 1820, el hombre sueña naturalmente poder hacer con el sonido lo mismo que se ha logrado con la imagen, inventando una especie de papel eco capaz de repetir lo que escucha. Sin embargo, la tarea es dura. En 1857, el inventor francés Édouard-Léon Scott de Martinville (1817-1879) crea una máquina a la que llama el fonoautógrafo, que es capaz de grabar sonidos sobre un papel cubierto de negro de humo, pero sigue siendo incapaz de restituirlos. Veinte años después, en 1877, Charles Cros (1842-1888) sigue los pasos de su compatriota y mejora el proceso del aparato solucionando el problema de la reproducción del sonido. Desafortunadamente, no cuenta con el apoyo financiero necesario, por lo que no logra fabricar un prototipo. El aparato al que entonces llama paleófono se acerca mucho al futuro invento de Edison.

El mismo año, y sin ser consciente de los descubrimientos de Charles Cros, Edison intenta a su vez realizar el experimento de la grabación sonora en su laboratorio de Menlo Park. Desde que trabaja en el teléfono, Edison guarda en mente el principio de las vibraciones sonoras y de su transmisión por medio de un diafragma. Entonces, prueba un experimento: tras haber unido una membrana a una punta que se apoya en papel, pronuncia la palabra «diga», que parece grabarse en la hoja bajo la forma de pequeños surcos. Tirando del papel picado, constata que los surcos mueven la aguja que, a su vez, hace vibrar el diafragma, que reproduce las ondas de sonido. Estupefacto, Edison escucha muy débilmente la palabra que acaba de pronunciar. Si bien es cierto que es casi inaudible, sobre todo para Edison, la mente del inventor ya hierve de agitación. Rápidamente, diseña el plan de una máquina y le confía la construcción a su asistente John Kruesi (1843-1899). Este último lo toma por un loco, al igual que el resto de sus colaboradores, que consideran que capturar la voz humana, sus entonaciones y sus sutilezas tan diversas es una idea descabellada. No obstante, durante el invierno de 1877, el milagro se vuelve realidad.

Thomas Edison y la primera versión de su fonógrafo.

El jueves 6 de diciembre de 1877, Kruesi aporta la máquina encargada por su jefe. Se trata de un gran cilindro metálico seguido por un surco helicoidal, cuya rotación asegura una manivela. En cada extremo, un diafragma lleva incorporada una aguja que se puede introducir en el surco. En el laboratorio, todos se reúnen en torno a este extraño aparato que suscita ciertas dudas. Edison, que tampoco cree verdaderamente en él, gira la manivela y, con una voz clara, empieza a recitar un poema popular: «Mary had a Little lamb... ("Mary tenía un corderito")» (Alles 2005, 52). La grabación se lleva a cabo sobre una hoja de estaño previamente enrollada sobre el cilindro y en la que la punta se hunde más o menos bajo el efecto de las vibraciones vocales. Mientras se acaba la cancioncilla, las personas allí reunidas aguantan la respiración. Edison retira la aguja grabadora, devuelve el cilindro a su punto de partida y ajusta la aguja del otro diafragma para que se apoye a su vez contra la hoja de estaño. Acciona la manivela de nuevo. Inmediatamente después, se escucha la voz de Edison, perfectamente reconocible. La multitud de colaboradores, tras la estupefacción inicial, estalla de alegría. Con este aparato, Edison acaba de inventar ni más ni menos que la grabación sonora. El equipo de Menlo Park todavía no es consciente de ello, pero se trata de un acto creador que permitirá que la música penetre en los hogares y genere una industria completamente nueva.

Más adelante, el propio Edison confesará que nunca se había sorprendido tanto en su vida como después de haber escuchado hablar a su máquina. El fonógrafo, o su «baby» (bebé) como lo llama con cariño, será su invento preferido. Así pues, aunque pueda parecer sorprendente, la mejora acústica del teléfono y la invención de la grabación sonora se las debemos a un hombre prácticamente sordo.

¡QUE SE HAGA LA LUZ! LA BOMBILLA ELÉCTRICA (1879)

Durante los meses posteriores a la invención del fonógrafo, Edison se embarca en otro ámbito diferente, centrando su atención en el alumbrado eléctrico. Su fama ya es importante, pero su mayor triunfo todavía está por llegar.

En esa época, la iluminación todavía se realiza mediante velas y lámparas de queroseno o, para los más ricos, mediante caras lámparas de gas. Las velas y las lámparas de queroseno son relativamente baratas, pero solamente aportan una luz de baja intensidad. El gas, por su parte, proporciona una luminosidad agradable, pero es peligroso ya que podría explotar. Todo eso sin contar que, al quemar oxígeno, el alumbrado mediante gas ennegrece las paredes y causa dolores de cabeza. Consciente de estos problemas, Edison busca una forma de iluminar todas las casas que sea seguro y barato a la vez. Rápidamente, se decanta hacia la energía eléctrica, con la que se había familiarizado durante su etapa de telégrafo. Para él, la electricidad tiene un enorme potencial ya que, después de todo, ya ha revolucionado la sociedad al alimentar al telégrafo y, posteriormente, al teléfono. Así pues, todavía puede mejorar la vida de la gente.

Durante una exposición científica en Connecticut, Edison asiste a la demostración de una lámpara de arco, el único dispositivo capaz, en ese momento, de proporcionar una luz eléctrica: cuando se acercan dos barras de carbón que están bajo alta tensión, aparece un arco eléctrico y desprende una fuerte luz. Con todo, el proceso no le da una buena impresión a Edison, ya que las barras se agotan de forma muy rápida y desprenden una cantidad importante de humo. Además, la lámpara crepita escandalosamente y la luz que emana de ella es cegadora y no se puede ajustar. En suma, una instalación de este tipo es absolutamente inutilizable en un espacio doméstico. Aun así, el desafío resulta todavía más estimulante para el inventor: está convencido de que, si genera una electricidad que pueda controlar, podrá producir una luz de naturaleza eléctrica que sea suave como la lámpara de gas, pero sin tener todos sus inconvenientes.

Inspirándose en el modelo de distribución de la red de gas, Edison imagina un sistema de generadores, de cableado y de cables eléctricos que hará que la electricidad esté al alcance de todo el mundo. Así, cada casa, cada oficina y cada tienda tendrá su suministro de electricidad, que llegará desde una central. Entonces, la corriente eléctrica se subdividirá y se distribuirá dentro de los edificios con tal de no utilizar una sola lámpara de alta intensidad, sino varias pequeñas de baja tensión. Para anticiparse a la implementación de este sistema, el inventor funda la Edison Electric Light Company en 1878. Cinco años más tarde, la compañía se fusiona para convertirse en la famosa compañía General Electric, que hoy en día sigue siendo una de las empresas más grandes del mundo.

Mientras tanto, lo que plantea más problemas es la lámpara eléctrica en sí misma. Edison, de hecho, no busca generar chispas eléctricas o llamas para aportar luz. Más bien, apuesta por la luz incandescente: se trata de hacer brillar, en el interior de una bombilla de vidrio cuyo aire ha sido aspirado, un filamento al hacerle alcanzar una temperatura elevada gracias a la corriente eléctrica. Es una apuesta arriesgada ya que, hasta la fecha, nadie ha conseguido dominar esta técnica.

El primer prototipo de bombilla eléctrica incandescente lo crea el escocés James Bowman Lindsay (1799-1862) en 1835. Después de él, muchos científicos intentan desarrollar una bombilla perfectamente utilizable. Pero estos intentos resultan en vano, ya que los distintos filamentos de metal o de carbono que se han utilizado y calentado eléctricamente solo brillan unos pocos minutos antes de quemarse. En 1879, el británico Joseph Swan (1828-1914) es el primero en patentar una bombilla eléctrica que puede brillar durante varias horas por incandescencia, pero sin consumirse. Con todo, lo que permitirá pasar de unas pocas horas de duración a varias decenas serán las mejoras que aporta ese mismo año Thomas Edison, gracias a un filamento de algodón carbonizado. El equipo de Menlo Park no se detiene ahí y continúa trabajando durante meses para perfeccionar la longevidad del filamento conductor. Asignando un presupuesto colosal de 40 000 dólares, Edison envía a sus agentes en todo el mundo en busca de una materia capaz de soportar altas temperaturas. Así, se prueban más de 6000 sustancias minerales y vegetales y finalmente la que se muestra más resistente es el filamento de bambú de Japón. Con este material, la bombilla de Edison puede mantenerse iluminada durante más de cuarenta horas, un récord que va a seguir mejorando.

Fotografía del primer modelo de bombilla de Thomas Edison que tiene éxito.

Tal como estaba previsto, Edison no se conforma con inventar una bombilla eléctrica fiable y explotable comercialmente. Al mismo tiempo, concibe un sistema de iluminación barato que destina a todos los ciudadanos. En 1882, erige la primera central eléctrica en el mundo, en el barrio de Pearl Street en Nueva York. La noche del 4 de septiembre, esta central distribuye electricidad por primera vez, destinada a iluminar la ciudad. Poco a poco, en todo el mundo, el alumbrado eléctrico se impone y sustituye a las anticuadas lámparas de gas. La electricidad ilumina las calles y se instala en las fábricas, los hoteles, los teatros, y luego en todas las casas, incluso en las más humildes.

HACIA EL CINE: EL KINETÓGRAFO Y EL KINETOSCOPIO (1891)

A pesar de que a menudo se considera que los hermanos Lumière (Auguste, 1862-1954, y Louis, 1864-1948) son los inventores del cine, la invención del arte cinematográfico no se puede atribuir a una única persona en particular, ya que el cine es el resultado de un trabajo colectivo. Una vez más, Edison desempeña un papel de pionero participando en esta gran epopeya tecnológica y cultural.

Hasta los años 1880, Edison todavía no se ocupa de la fotografía, a pesar del enorme interés que despierta en él. En efecto, sueña poder combinar un día el sonido del fonógrafo con las imágenes móviles de un cantante o de una orquesta que interpreta una canción. Alrededor del año 1887, decide finalmente reflexionar sobre el tema seriamente estudiando, en primer lugar, la construcción del aparato fotográfico y, más adelante, divirtiéndose revelando algunas fotos por su cuenta. A continuación, se interesa por los trabajos del fotógrafo inglés Eadweard Muybridge (1830-1904), famoso por sus estudios de animales en movimiento y por su zoopraxiscopio, uno de los primeros dispositivos modernos de visualización cinematográfica.

Entonces Edison entiende que, para captar el movimiento, tiene que poder conseguir obtener de él —en un tiempo determinado— el mayor número de imágenes posible. Al hacer que las imágenes se sucedan de forma muy rápida, el ojo simplemente no tendría tiempo de ver que se trata de fotos distintas y el espectador tendría la ilusión del movimiento. Pero, ¿cómo sacar fotos y hacer que se sucedan tan rápido? El 8 de octubre de 1888, la Oficina de Patentes de los Estados Unidos recibe a Edison y registra su primera idea de un invento vinculado con el cine. El inventor se explica:

> «Estoy experimentando con un aparato que ofrece a la vista lo que el fonógrafo al oído, es decir, el registro y la reproducción de objetos en movimiento [...]. Lo he llamado *kinetoscopio*, "visión en movimiento" [...]. El invento consiste en fotografiar una tras otra una serie de imágenes que aparecen a intervalos [...] y en hacerlo [fotografiar series de imágenes] en una espiral ininterrumpida sobre un cilindro o una placa, del mismo modo en que se registra el sonido en un fonógrafo» (Brunetta 2011, 70).

Pero pronto se abandona la idea del cilindro fotográfico, inspirada por el rollo registrador del fonógrafo. Edison, dotado de una célebre intuición, presiente la importancia del celuloide, que ofrece un soporte mucho más flexible y resistente. Se asocia con George Eastman (1854-1932), el fundador de Kodak, que acaba de desarrollar la primera película fotográfica comercial para la cámara portátil. A petición del inventor, Eastman desarrolla una larga cinta de película fotográfica de celuloide transparente, con una anchura estándar de 70 milímetros. Otra intuición brillante de Edison consiste en haber buscado dividir la tecnología cinematográfica en dos partes indivisibles: por una parte, un sistema de grabación de imágenes (el kinetógrafo) y, por la otra, un sistema de proyección de la imagen grabada (el kinetoscopio).

En ese momento, Edison tiene suerte de poder contar con un colaborador llamado William K. L. Dickson (1860-1934), amante de la fotografía, que aportará ideas fundamentales para el proyecto. Después de confrontar sus puntos de vista, los dos hombres se embarcan en la creación del kinetógrafo (del griego *kinetos*, «en movimiento» y *graphein*, «escribir»), el antepasado de las cámaras de cine. Para garantizar el rápido movimiento de la cinta suministrada por Eastman, Edison utiliza sus recuerdos de juventud. No olvidemos que, antes de ser un jefe de empresa, Edison era un telegrafista virtuoso. Inspirado por el mecanismo del telégrafo, que transcribe los mensajes en una cinta de papel perforada por el centro, que luego es impulsada por una rueda dentada, Edison corta la cinta de Eastman en dos con el fin de obtener una de 35 milímetros de ancho, en la que hace una serie de cuatro pequeños agujeros rectangulares a cada lado de la imagen. Acaba de nacer la película cinematográfica.

Por medio de dos ruedas dentadas colocadas a cada lado de la cinta, Edison ahora puede hacer que la película posea un movimiento intermitente perfectamente estable. Para capturar las imágenes, la película de celuloide está recubierta con una emulsión fotosensible antes de llegar, mediante un desplazamiento vertical, al interior de un aparato de toma de imágenes. Un obturador dispuesto entre el objetivo y la película se encarga de dejar pasar la luz a intervalos regulares con el fin de fijar la imagen sobre la película. La máquina creada de este modo es bastante pesada y voluminosa; además, requiere una alimentación eléctrica.

Para permitir la visualización de las imágenes grabadas por el kinetógrafo, el dúo Edison-Dickson diseña entonces el kinetoscopio. Se trata de una gran caja de madera dentro de la cual la cinta perforada se ejecuta continuamente con la ayuda de un cilindro escalonado alimentado de forma eléctrica. A través de una mirilla perforada en la carcasa, se admiran las imágenes de la película que desfilan a gran velocidad a través de una combinación de lentes de aumento. El kinetoscopio es un aparato de visualización individual. De este modo, se invita a los espectadores, uno a uno, a inclinarse sobre la caja para observar breves obras que representan personajes reales en movimiento.

Imagen del interior de un kinetoscopio.

En 1891, se presenta la máquina ante la prensa y el público estadounidense, que la reciben con elogios y confirman su éxito. Durante varios meses, Edison aporta mejoras y luego pone a punto por todo el país varios *kinetoscope parlors*. Estas pequeñas galerías están equipadas con una decena de ejemplares del kinetoscopio que el público se apresura a probar, inclinando la espalda y fijando los ojos en la mirilla. Para que este se active, solamente hace falta una moneda de 25 centavos, y el espectador puede disfrutar de una película de unos treinta segundos que se muestra en bucle. Dependiendo de la elección del aparato, el espectador puede ver un combate de boxeo, un espectáculo de baile, un número de circo u otros fragmentos como aquel, más trivial, de un hombre que estornuda. El contenido de estas pequeñas escenas filmadas puede parecer trivial hoy en día pero, a finales del siglo XIX, contemplar una imagen en movimiento era una verdadera revolución. El mago trastoca así el mundo del arte y del entretenimiento, al tiempo que obtiene enormes beneficios.

REPERCUSIONES

A finales del siglo XIX, en plena efervescencia de la Revolución Industrial estadounidense, Edison se impone como un inventor genial y uno de los más prolíficos de su época. El alcance de los ámbitos de sus inventos es espectacular: desde las telecomunicaciones hasta el cine, pasando por la electricidad y la acústica, el mago de Menlo Park abarca todos los campos. Sus inventos sacuden y transforman para siempre la vida de millones de hombres y mujeres, hasta el punto de que es difícil encontrar un inventor que pueda competir con él en términos de impacto sobre la sociedad.

UNA LUZ PARA TODOS

El ejemplo más sorprendente es, sin duda, el de la lámpara incandescente, que Edison perfecciona y comercializa. La bombilla eléctrica, ya bien implantada en los Estados Unidos cuando se presenta en la Exposición Universal de París en 1889, rápidamente se convierte en un fenómeno mundial, apareciendo como un símbolo de seguridad y de comodidad moderna. Se acabaron las peligrosas lámparas de gas o de queroseno que, a su vez, un siglo antes habían sustituido a las velas de sebo y de cera heredadas de la época medieval.

Al multiplicar sus centrales eléctricas y proporcionar así una energía abundante, barata y disponible para todos, Edison también se ocupa de las desigualdades sociales. Al mismo tiempo, abre el camino a la llegada de nuevas comodidades, así como a nuevos bienes de consumo que simplifican y facilitan la vida doméstica: la nevera, la cocina eléctrica, la aspiradora, la lavadora, la radio o incluso la televisión son dispositivos que funcionan con electricidad y que se van instalando progresivamente en los hogares de los países industrializados.

Por otra parte, al continuar con sus investigaciones sobre la bombilla eléctrica, el inventor realiza el único verdadero descubrimiento científico de su carrera: el efecto Edison o la emisión termoiónica. Se trata de una puesta en evidencia de la circulación unidireccional de los flujos de electrones que proceden de un metal calentado al vacío. Edison, que más que verdaderamente científico es un inventor pragmático y mercantilista, patenta su descubrimiento, pero sigue convencido de su inutilidad comercial y casi de inmediato abandona su estudio. Pero se equivoca con esta decisión, porque este fenómeno resultará ser la base para la industria electrónica. El físico inglés John Ambrose Fleming (1849-1945), un antiguo ingeniero consultor para la Edison Electric Light Company, continúa con las investigaciones y logra desarrollar el primer tubo de vacío, el antepasado del transistor, en 1904. Sus aplicaciones conducen, entre otras cosas, a la invención de la radio, la televisión y el ordenador.

Actualmente, las bombillas incandescentes de Edison son reemplazadas gradualmente por sistemas alternativos más ecológicos, como las lámparas led, que gastan menos energía. Sin embargo, el casquillo de rosca, que también es una idea de Edison, todavía se utiliza hoy en día y hace referencia directa a su inventor. La designación de este conector se expresa, en efecto, mediante la letra E (de Edison), seguida por el diámetro del casquillo en milímetros (por ejemplo, una bombilla E27 tiene un casquillo de rosca de 27 milímetros de diámetro).

EL NACIMIENTO DE LA INDUSTRIA DE LA MÚSICA

El fonógrafo también causa sensación cuando aparece por primera vez en 1877. La capacidad del aparato para reproducir la voz humana es tan innovadora que Edison debe aumentar las demostraciones públicas para demostrar que no se trata de un engaño con la ayuda de un ventrílocuo. En todos los rincones de los Estados Unidos, esta proeza técnica atrae a muchísima gente y llena las salas de espectáculos. El propio presidente Rutherford B. Hayes (1822-1893) pide a Edison que vaya a la Casa Blanca para presentar el fonógrafo.

Aunque Edison es un hombre de negocios con talento, a veces subestima el potencial comercial de sus inventos y deja que otros saquen beneficio de ellos. El caso del fonógrafo es bastante revelador. Su sordera parcial y la falta de sensibilidad musical que deriva de ella explican probablemente por qué no ve de inmediato las posibilidades culturales y económicas del mercado de la música. De hecho, una vez se le pasa el asombro del descubrimiento, Edison imagina una serie de aplicaciones para su fonógrafo, muy alejadas de las aspiraciones musicales: relojes y muñecas parlantes, libros fonográficos, la conservación de los recuerdos de seres queridos o de personajes importantes, ejercicios educativos como el dictado, etc. De hecho, su intención principal es explotar la máquina parlante como una herramienta para el trabajo, sustituyendo sobre todo los taquígrafos. Con todo, esto fracasa, porque esta perspectiva no convence al mundo de los negocios. La mayoría de las veces, el fonógrafo se utiliza en lugares públicos con el fin de difundir una grabación musical por el precio de cinco centavos.

El mayor defecto del fonógrafo radica en su rollo registrador que, aunque es caro, se deteriora rápidamente. Con todo, para crear un gran mercado de la música, hay que disponer de un nuevo tipo de soporte. Este problema no lo resuelve Edison, sino Emile Berliner (1851-1929), un inventor alemán nacionalizado estadounidense que, a diferencia de su compañero de profesión, es un apasionado de la música. En 1888, Berliner simplifica el funcionamiento del fonógrafo y crea el gramófono, que destina únicamente a la producción musical. Para este fin, sustituye el diafragma de reproducción de sonido por un gran altavoz en forma de cuerno. También sustituye el cilindro de Edison por un disco plano microsurco cuya composición de resina plástica tiene una vida útil más larga. A partir de la grabación original, el disco es también mucho más fácil de producir en masa.

El gramófono se comercializa por primera vez en 1893. Más barato, más manejable y con una mayor calidad de sonido, poco a poco sustituye a la máquina parlante de Edison. Este último finalmente renuncia a sus rollos y acaba adoptando el disco a su vez en 1912. Gracias al impulso del fonógrafo de Edison y a las mejoras aportadas por Berliner, el acceso a la música se democratiza y a principios del siglo XX se crea el mercado del disco, muy lucrativo. A partir de entonces, la gente puede escuchar en casa canciones populares o conciertos de música clásica que hasta ese momento estaban reservados para la élite. Las técnicas de grabación y de lectura analógica, introducidas por el fonógrafo de Edison, no serán sustituidas hasta 1979, con la aparición del disco compacto digital desarrollado por la compañía holandesa Philips.

LOS INICIOS DEL CINE

El kinetoscopio, además de ser una culminación del trabajo de Edison, también es el punto de partida para una reflexión de la familia Lumière que, en 1895, conducirá a la creación del cine tal como lo conocemos hoy en día.

Con el éxito del kinetoscopio, Edison fantasea, por supuesto, con la proyección sobre la gran pantalla, pero también sabe que va a vender muchas menos unidades de su invento si con una sola se consigue proyectar la misma película para todo un público. Siguiendo su lógica mercantil, considera que la visualización individual de su aparato es más rentable y, por eso, abandona la idea de un proyector «kinetoscópico».

Los que dan el paso en esta dirección son los hermanos Lumière. Durante el verano de 1894, Edison organiza en París una demostración pública de su invento a la que asiste Antoine Lumière (1862-1954), el padre de Auguste y de Louis Lumière. Un año más tarde, motivados por su padre, los dos hermanos fabrican una cámara reversible que sirve tanto para la toma de imágenes como para la proyección. Originalmente llamado kinetoscopio de proyección, el aparato rápidamente cambia el nombre por cinematógrafo (del griego *kinema*, «movimiento», y *graphein*, «escribir»). La primera proyección pública tiene lugar el 28 de diciembre de 1895 en París, frente a 33 espectadores. El experimento de la familia Lumière resulta ser un éxito y marca el advenimiento del cine como entretenimiento de masas. Las sesiones públicas se multiplican, del mismo modo que lo hacen las salas de proyección, que proliferan en todo el mundo. Entre 1895 y 1910, el cine se transforma en una industria cuyos desafíos tienen un alcance internacional.

Aunque el kinetoscopio desaparece poco a poco, en el mundo del cine subsisten varias realizaciones de su inventor. De este modo, la película perforada de 35 milímetros se impone como un estándar en la industria del cine y sigue siendo, todavía hoy en día, el formato de referencia. Edison también es el primero que tiene la idea de usar la palabra inglesa *film* («rollo de película») para designar una obra cinematográfica. También puede considerarse que es el precursor de la industria de Hollywood ya que, en 1893, funda el primer estudio de cine, el Black Maria, para alimentar sus kinetoscopios con películas.

En cuanto al sueño original del mago de combinar el sonido y la imagen, el fonógrafo y el kinetoscopio, en esa época resulta imposible ya que las dificultades técnicas parecen insuperables, incluso para Edison. El verdadero cine sonoro no aparece hasta 1927. Tres años más tarde, la Academia de las Artes y Ciencias Cinematográficas de Hollywood concede el título de miembro honorario a Thomas Edison por su decisiva contribución a la historia del cine. Esta es la última recompensa para un personaje fuera de lo común.

EN RESUMEN

1847
11 feb.: nacimiento de Edison

1857
Edison descubre las ciencias

1862
Edison se convierte en telegrafista

1873
Edison traslada su laboratorio a Menlo Park

1877
Edison inventa el fonógrafo

1879
Edison inventa la bombilla eléctrica

1880
Edison descubre la emisión termoiónica
y le da su nombre

1882
Edison funda la primera central eléctrica

1891
Edison inventa el kinetógrafo y el kinetoscopio

1893
Edison funda el Black Maria

1931
18 oct.: muerte de Edison

- Thomas Edison nace el 11 de febrero de 1847 en Milan (Ohio) y muere el 18 de octubre de 1931 en West Orange (Nueva Jersey). En ese momento, los Estados Unidos se encuentran en plena expansión política y económica. Edison viene de una familia modesta y asiste a la escuela durante unos pocos meses, hasta que es expulsado. Su madre le enseña los conocimientos básicos, pero la mayoría de las cosas las descubre por sí mismo, devorando cientos de obras científicas.

- A los 13 años, pasa la escarlatina y la enfermedad lo deja parcialmente sordo. Según lo que dice él, esto es más una bendición que una discapacidad, ya que la sordera intensifica su capacidad de concentración.

- Edison es el ejemplo perfecto del hombre hecho a sí mismo estadounidense. Audaz y ambicioso, entra en el mundo del trabajo desde muy joven, y él solo va subiendo la escalera del éxito. Joven vendedor de periódicos a los 12 años, telegrafista a los 15, Edison se convierte en uno de los mejores ingenieros eléctricos de Wall Street cuando tan solo tiene 22 años. Cuatro años más tarde, funda su propio laboratorio de investigación industrial en Nueva Jersey. Sus creaciones, como el fonógrafo, la bombilla eléctrica o el kinetoscopio lo convierten rápidamente en millonario y en una figura mediática reconocida.

- Edison es un inventor prolífico y, sin duda, uno de los más grandes de todos los tiempos. Durante su vida, registra más de un millar de patentes para inventos que pertenecen a muchos ámbitos. La industria de la electricidad, de la música, del cine y de la electrónica nacen gracias a la obra de Edison. Así, pocos inventores pueden presumir de haber ejercido una influencia tan grande en la vida diaria de las personas.

- Al reunir a expertos de diversas disciplinas científicas con los que trabaja, Edison crea laboratorios con una concepción completamente nueva, que prefiguran los equipos de investigación y desarrollo que hoy en día desempeñan un papel crucial en las grandes empresas.

- Edison, más que un verdadero hombre de ciencias, es un técnico hábil. Durante su larga carrera como inventor, solamente suma a los conocimientos científicos un único descubrimiento: la emisión termoiónica, también llamada efecto Edison.

- Su método de trabajo se basa fundamentalmente en la experimentación sistemática: avanza mediante la técnica del ensayo y error y no duda en gastar grandes sumas de dinero para encontrar el material y la tecnología más adecuados para sus inventos. Con la notable excepción del fonógrafo, rara vez es el único autor de un invento; su ingenio le permite perfeccionar las ideas desarrolladas por otros.

- Como astuto hombre de negocios que es, patenta cada uno de sus inventos, y luego funda compañías (algunas de las cuales, como General Electric, todavía existen) con el fin de explotarlos comercialmente. Edison está tras un imperio industrial en expansión cuya mayoría de beneficios se reinvierten para crear nuevos inventos. Al democratizar el acceso a la música, al cine y a la energía eléctrica, el mago de Menlo Park es un inventor que se pone al servicio de la sociedad: por encima de todo, tiene el deseo sincero de mejorar la vida de las personas.

¡Tu opinión nos interesa!
¡Deja un comentario en la página web de tu librería en línea,
y comparte tus favoritos en las redes sociales!

PARA IR MÁS ALLÁ

FUENTES BIBLIOGRÁFICAS

- Boorstin, Daniel. 1981. *Histoire des Américains. L'expérience démocratique*, tomo 3. París: Armand Colin.
- Borvon, Gérard. 2009. *Histoire de l'électricité. De l'ambre à l'électron*. París: Vuibert.
- Brunetta, Gian Piero. 2011. *Historia mundial del cine I: Estados Unidos I*. Madrid: Ediciones Akal.
- Clark, Ronald William. 1986. *Edison, l'artisan de l'avenir*. París: Belin.
- Edison, Thomas Alva. 1948. *Mémoires et Observations*. París: Flammarion.
- Kemp, Philip. 2011. *Tout sur le cinéma. Panorama des chefs-d'œuvre et des techniques*. París: Flammarion.
- Silva, Luis Enrique Orozco. 2001. *Educación superior: desafío global y respuesta nacional*, vol. 1. Bogotá: Universidad de los Andes.
- Stross, Randall. 2007. *The Wizard of Menlo Park: How Thomas Alva Edison Invented the Modern World*. Nueva York: Three Rivers Press.
- Wachhorst, Wyn. 1981. *Thomas A. Edison: an American Myth*. Cambridge: MIT Press.
- Tournès, Ludovic. 2008. *Du phonographe au MP3. Une histoire de la musique enregistrée (XIXe-XXIe siècles)*. París: Autrement.

FUENTES ICONOGRÁFICAS

- Retrato de Thomas Alva Edison. La imagen reproducida está libre de derechos.
- Reconstrucción del laboratorio de Thomas Edison. La imagen reproducida está libre de derechos.
- El primer teléfono de Graham Bell. Dibujo de Louis Figuier. La imagen reproducida está libre de derechos.
- Thomas Edison y la primera versión de su fonógrafo. La imagen reproducida está libre de derechos.
- Fotografía del primer modelo de bombilla de Thomas Edison que tiene éxito. La imagen reproducida está libre de derechos.
- Imagen del interior de un kinetoscopio. La imagen reproducida está libre de derechos.

MUSEOS

- El Thomas Edison Center, en Menlo Park, Nueva Jersey.
- El Museo de la Casa Natal de Edison, en Milan, Ohio.
- El Thomas Edison Depot Museum, en Puerto Hurón, Míchigan.
- El Parque Histórico Nacional Thomas Edison, en West Orange, Nueva Jersey.
- Las fincas de invierno de Edison y Ford, en Fort Myers, Florida.

en50MINUTOS.es
Historia
Economía y empresa
Coaching
Book Review
Salud y bienestar
EL DIAGRAMA DE ISHIKAWA
Material Método Máquina
Madre Naturaleza Medida Hombres
LA GUERRA DE PALESTINA DE 1948
DOMINA EL ARTE DEL NETWORKING
¡APRENDER NUNCA ANTES FUE TAN RÁPIDO!
www.en50minutos.es